Impressum
Verlag: BABADADA GmbH, Nedderfeld 112 , 22529 Hamburg
Geschäftsführer / Verlagsleitung: Harald Hof
Druck: Books on Demand GmbH, In de Tarpen 42, 22848 Norderstedt

Imprint
Publisher: BABADADA GmbH, Nedderfeld 112 , 22529 Hamburg, Germany
Managing Director / Publishing direction: Harald Hof
Print: Books on Demand GmbH, In de Tarpen 42, 22848 Norderstedt, Germany

Schule

škola

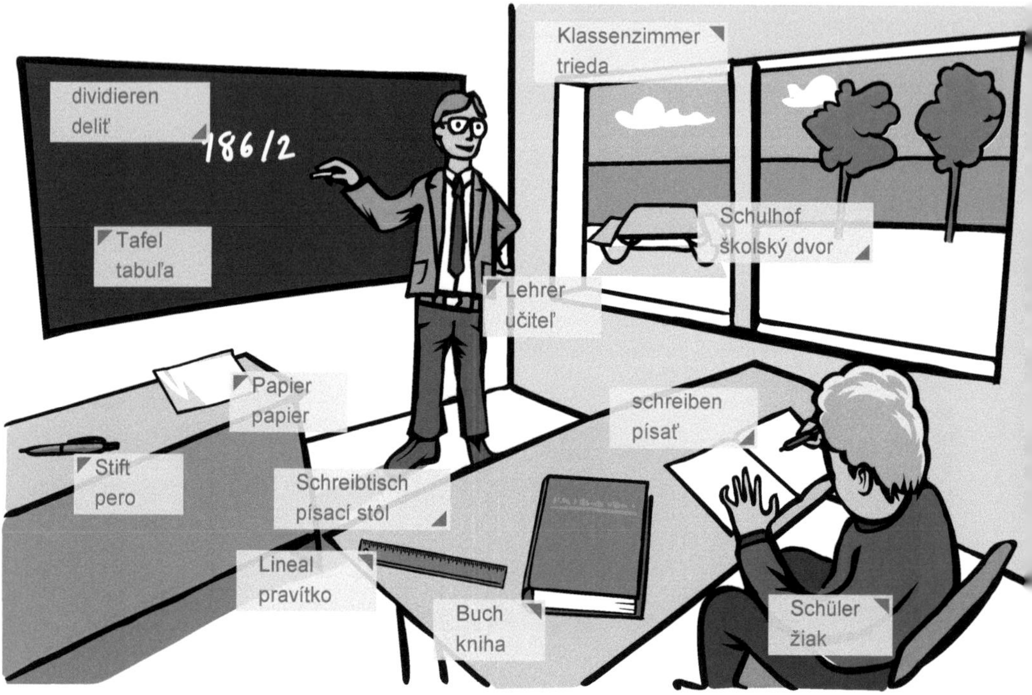
Klassenzimmer
trieda
dividieren
deliť
186/2
Tafel
tabuľa
Schulhof
školský dvor
Lehrer
učiteľ
Papier
papier
schreiben
písať
Stift
pero
Schreibtisch
písací stôl
Lineal
pravítko
Buch
kniha
Schüler
žiak

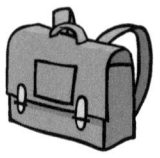

Ranzen

školská taška

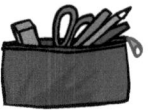

Federmappe

peračník

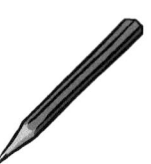

Bleistift

ceruza

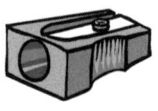

Bleistiftanspitzer

strúhadlo na ceruzky

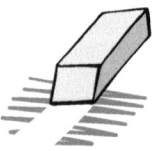

Radiergummi

guma

Zeichenblock

skicár

Zeichnung

kresba

Pinsel

štetec

Malkasten

vodové farby

Schere

nožnice

Klebstoff

lepidlo

Übungsheft

cvičný zošit

Hausaufgabe

domáca úloha

Zahl

číslo

2+2

addieren

sčítať

subtrahieren

odčítať

multiplizieren

násobiť

rechnen

počítať

Buchstabe

písmeno

Alphabet

abeceda

Wort

slovo

Text

text

lesen

čítať

Kreide

krieda

Stunde

hodina

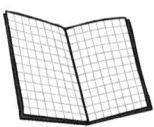

Klassenbuch

triedna kniha

Prüfung

skúška

Zeugnis

certifikát

Schuluniform

školská uniforma

Ausbildung

vzdelanie

Lexikon

encyklopédia

Universität

univerzita

Mikroskop

mikroskop

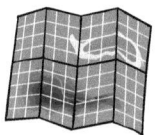

Karte

mapa

Papierkorb

kôš na papier

Reise
cesta

Hotel
hotel
Grand
Herberge
nocľaháreň
ROOMS
EXCHANGE
Wechselstube
zmenáreň
Koffer
kufor
Auto
auto

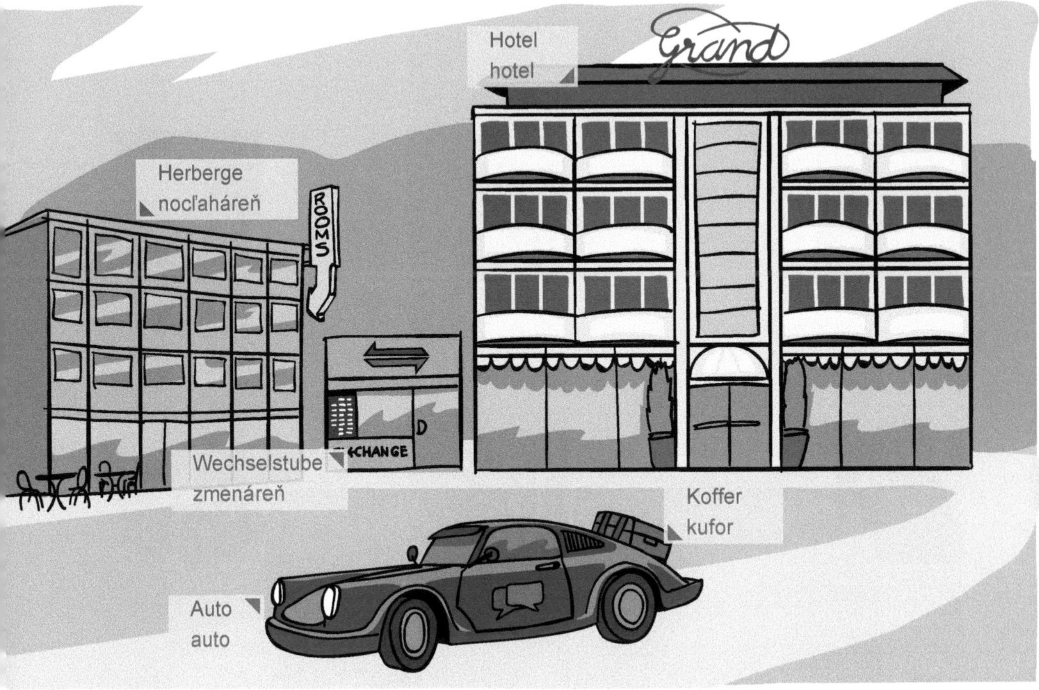

Sprache
jazyk

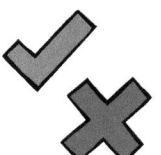

ja / nein
áno/nie

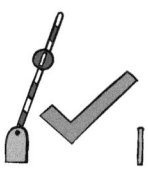

Okay
v poriadku

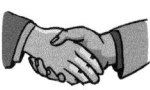

Hallo
ahoj

Übersetzer
prekladateľ

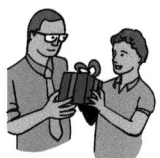

Danke
ďakujem

Was kostet...?

Koľko stojí ... ?

Ich verstehe nicht

Nerozumiem

Problem

problém

Guten Abend!

Dobrý večer!

Guten Morgen!

Dobré ráno!

Gute Nacht!

Dobrú noc!

Auf Wiedersehen

Dovidenia

Richtung

smer

Gepäck

batožina

Tasche

taška

Rucksack

batoh

Gast

hosť

Zimmer

izba

Schlafsack

spacák

Zelt

stan

Touristeninformation

informácie pre turistov

Strand

pláž

Kreditkarte

kreditná karta

Frühstück

raňajky

Mittagessen

obed

Abendessen

večera

Fahrkarte

cestovný lístok

Fahrstuhl

výťah

Briefmarke

poštová známka

Grenze

hranica

Zoll

clo

Botschaft

veľvyslanectvo

Visum

vízum

Pass

cestovný pas

Transport
doprava

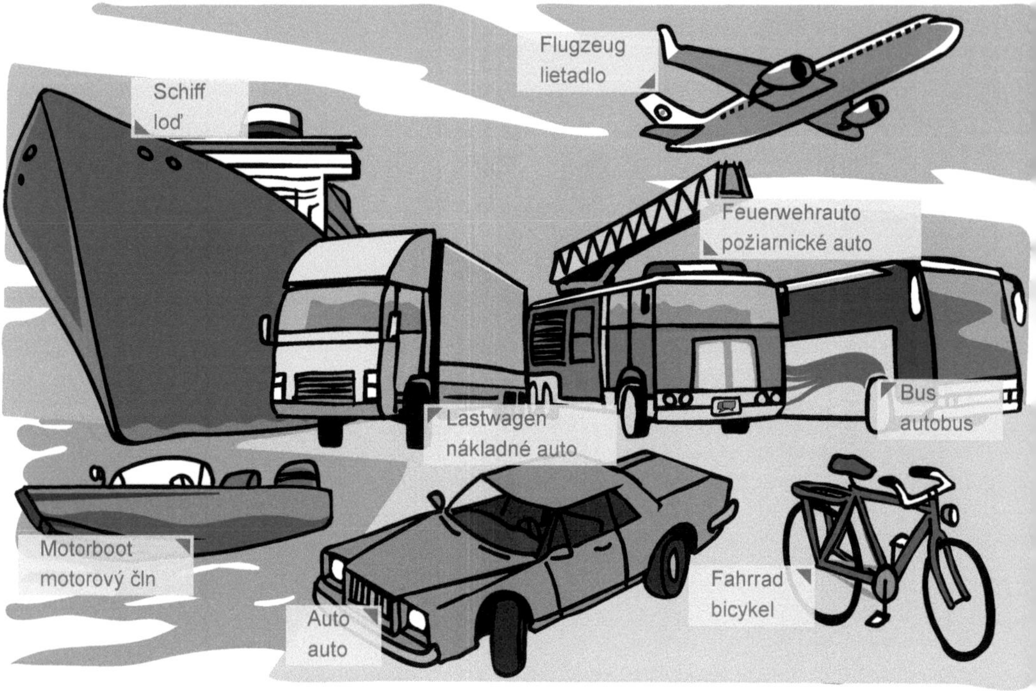

Flugzeug
lietadlo

Schiff
loď

Feuerwehrauto
požiarnické auto

Lastwagen
nákladné auto

Bus
autobus

Motorboot
motorový čln

Fahrrad
bicykel

Auto
auto

Fähre

trajekt

Boot

loď

Motorrad

motorka

Polizeiauto

policajné auto

Rennauto

pretekárske auto

Mietwagen

vozidlo z požičovne

Carsharing

carsharing

Abschleppwagen

odťahové auto

Müllauto

smetiarske auto

Motor

motor

Kraftstoff

benzín

Tankstelle

čerpacia stanica

Verkehrsschild

dopravná značka

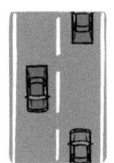

Verkehr

premávka

Stau

zápcha

Parkplatz

parkovisko

Bahnhof

vlaková stanica

Schienen

trate

Zug

vlak

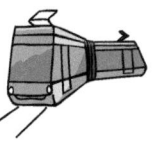

Straßenbahn

električka

Wagon

vagón

Helikopter

helikoptéra

Flughafen

letisko

Tower

veža

Passagier

pasažier

Container

kontajner

Karton

kartón

Karren

vozík

Korb

kôš

starten / landen

štartovať / pristáť

Stadt

mesto

Dorf

dedina

Stadtzentrum

centrum mesta

Haus

dom

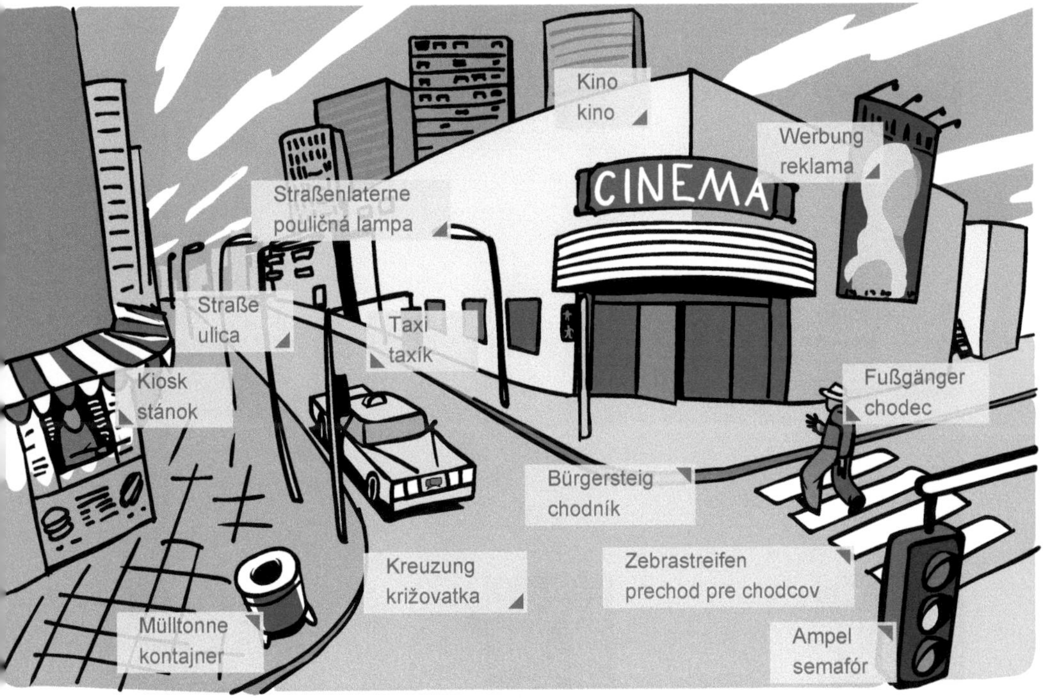

Kino / kino
Werbung / reklama
Straßenlaterne / pouličná lampa
CINEMA
Straße / ulica
Taxi / taxík
Kiosk / stánok
Fußgänger / chodec
Bürgersteig / chodník
Kreuzung / križovatka
Zebrastreifen / prechod pre chodcov
Mülltonne / kontajner
Ampel / semafór

Hütte

chata

Wohnung

byt

Bahnhof

vlaková stanica

Rathaus

radnica

Museum

múzeum

Schule

škola

Universität

univerzita

Bank

banka

Krankenhaus

nemocnica

Hotel

hotel

Apotheke

lekáreň

Büro

kancelária

Buchhandlung

kníhkupectvo

Geschäft

obchod

Blumenladen

kvetinárstvo

Supermarkt

supermarket

Markt

trh

Kaufhaus

obchodný dom

Fischhändler

obchodník s rybami

Einkaufszentrum

nákupné stredisko

Hafen

prístav

Park

park

Bank

lavička

Brücke

most

Treppe

schody

U-Bahn

metro

Tunnel

tunel

Bushaltestelle

autobusová zastávka

Bar

bar

Restaurant

reštaurácia

Briefkasten

poštová schránka

Straßenschild

tabuľa s názvom ulice

Parkuhr

parkovacie hodiny

Zoo

ZOO

Badeanstalt

plaváreň

Moschee

mešita

Bauernhof
farma

Umweltverschmutzung
znečisťovanie životného
prostredia

Friedhof
cintorín

Kirche
kostol

Spielplatz
ihrisko

Tempel
chrám

Landschaft
terén

Blatt
list

Wegweiser
smerová tabuľa

Weg
cesta

Wiese
lúka

Stein
kameň

Baum
strom

Wanderer
turista

Fluss
rieka

Gras
tráva

Blume
kvet

Tal

dolina

Berg

kopec

See

jazero

Wald

les

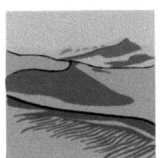

Wüste

púšť

Vulkan

vulkán

Schloss

zámok

Regenbogen

dúha

Pilz

hríb

Palme

palma

Moskito

komár

Fliege

mucha

Ameise

mravec

Biene

včela

Spinne

pavúk

Käfer

chrobák

Frosch

žaba

Eichhörnchen

veverička

Igel

jež

Hase

zajac

Eule

sova

Vogel

vták

Schwan

labuť

Wildschwein

diviak

Hirsch

jeleň

Elch

los

Staudamm

hrádza

Windrad

veterná turbína

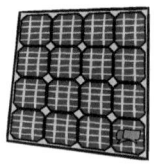

Solarmodul

solárny panel

Klima

podnebie

Restaurant
reštaurácia

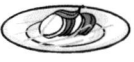

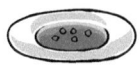

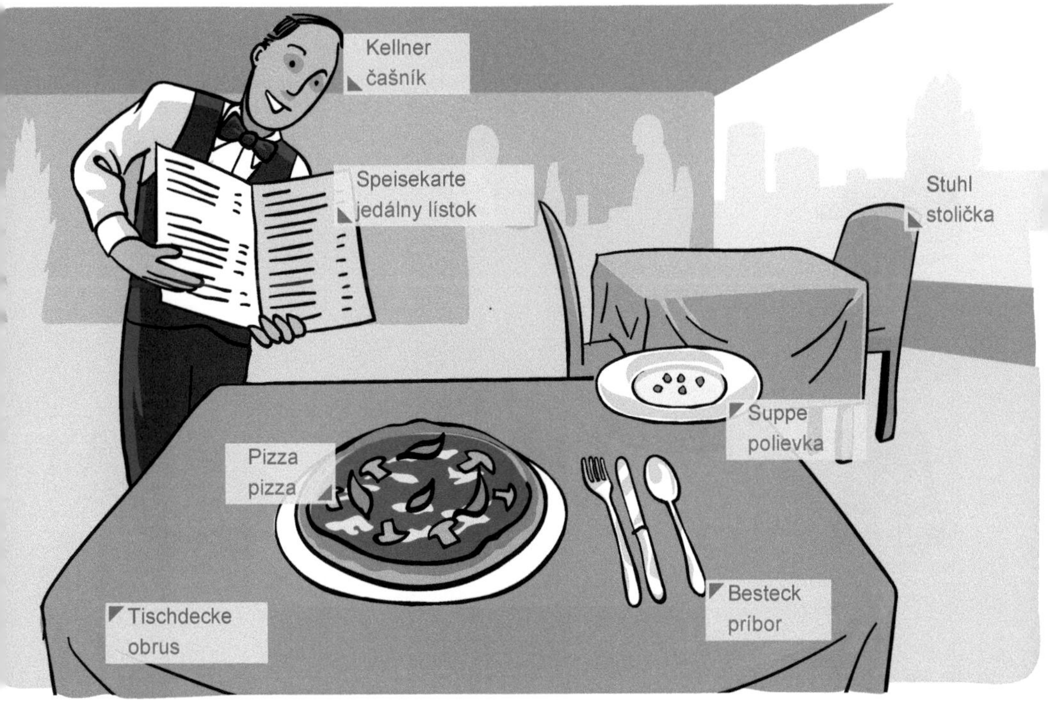

Kellner
čašník
Speisekarte
jedálny lístok
Stuhl
stolička
Suppe
polievka
Pizza
pizza
Besteck
príbor
Tischdecke
obrus

Vorspeise

predjedlo

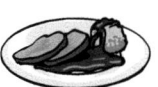

Hauptgericht

hlavné jedlo

Nachspeise

zákusok

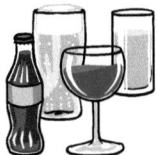

Getränke

nápoje

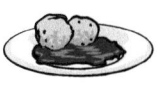

Essen

jedlo

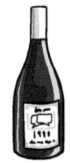

Flasche

fľaša

Fastfood

fast-food

Streetfood

street food

Teekanne

kanvica na čaj

Zuckerdose

cukornička

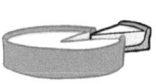

Portion

porcia

Espressomaschine

stroj na espresso

Hochstuhl

detská stolička

Rechnung

účet

Tablett

podnos

Messer

nôž

Gabel

vidlička

Löffel

lyžica

Teelöffel

čajová lyžička

Serviette

obrúsok

Glas

pohár

Teller

tanier

Suppenteller

hlboký tanier

Untertasse

podšálka

Sauce

omáčka

Salzstreuer

soľnička

Pfeffermühle

mlynček na korenie

Essig

ocot

Öl

olej

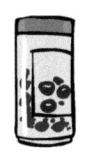

Gewürze

korenie

Ketchup

kečup

Senf

horčica

Mayonnaise

majonéza

Supermarkt
supermarket

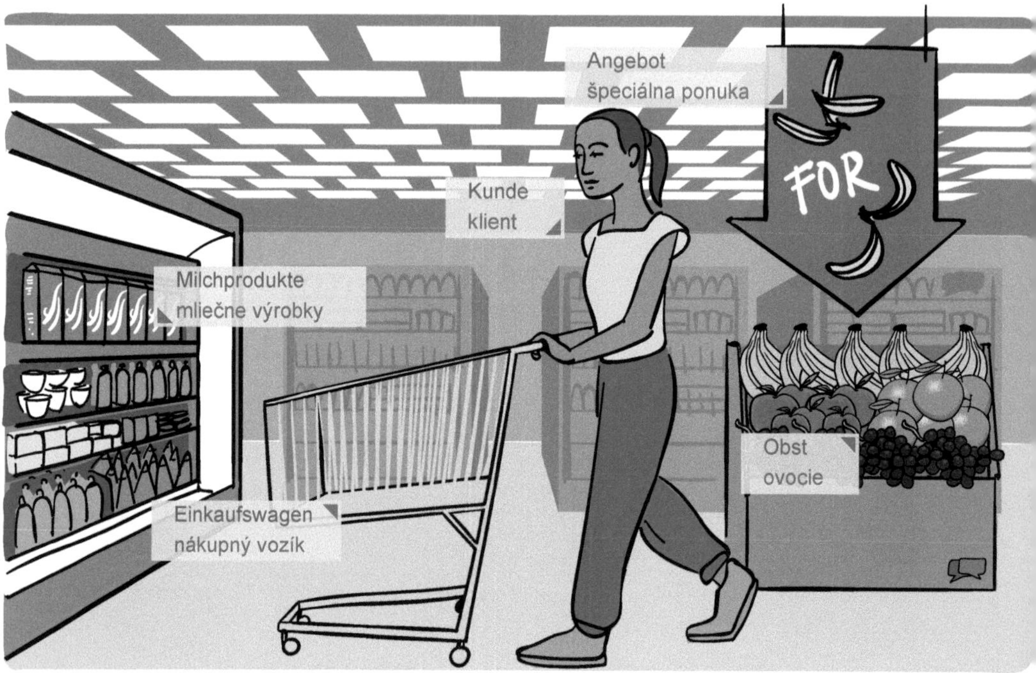

Angebot
špeciálna ponuka
FOR
Kunde
klient
Milchprodukte
mliečne výrobky
Obst
ovocie
Einkaufswagen
nákupný vozík

BUTCHERS

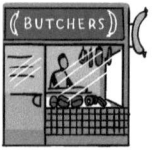

Schlachterei

mäsiarstvo

BAKERY

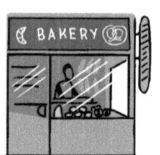

Bäckerei

pekáreň

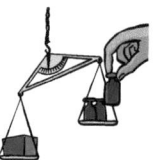

wiegen

vážiť

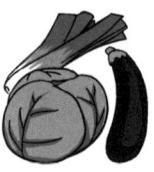

Gemüse

zelenina

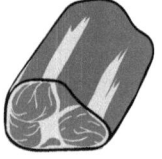

Fleisch

mäso

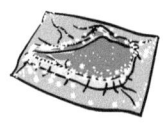

Tiefkühlkost

mrazené potraviny

Aufschnitt

nárez

Konserven

konzervy

Waschmittel

prací prostriedok

Süßigkeiten

sladkosti

Haushaltsartikel

domáce potreby

Reinigungsmittel

čistiace prostriedky

Verkäuferin

predavačka

Kasse

pokladňa

Kassierer

pokladník

Einkaufsliste

nákupný zoznam

Öffnungszeiten

otváracie hodiny

Brieftasche

peňaženka

Kreditkarte

kreditná karta

Tasche

taška

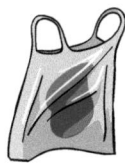

Plastiktüte

plastové vrecko

Wasser

voda

Saft

džús

Milch

mlieko

Cola

kola

Wein

víno

Bier

pivo

Alkohol

alkohol

Kakao

kakao

Tee

čaj

Kaffee

káva

Espresso

espresso

Cappuccino

kapučíno

Banane

banán

Apfel

jablko

Orange

pomaranč

Melone

melón

Zitrone

citrón

Karotte

mrkva

Knoblauch

cesnak

Bambus

bambus

Zwiebel

cibuľa

Pilz

hríb

Nüsse

orechy

Nudeln

rezance

Spaghetti

špagety

Reis

ryža

Salat

šalát

Pommes frites

hranolky

Bratkartoffeln

pečené zemiaky

Pizza

pizza

Hamburger

hamburger

Sandwich

obložený chlebík

Schnitzel

rezeň

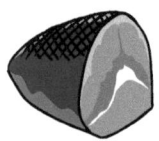

Schinken

šunka

Salami

saláma

Wurst

klobása

Huhn

kurča

Braten

pečené mäso

Fisch

ryba

Haferflocken	Müsli	Cornflakes
ovsené vločky	müsli	kukuričné lupienky

Mehl	Croissant	Brötchen
múka	croissant	pečivo

Brot	Toast	Kekse
chlieb	hrianka	sušienky

Butter	Quark	Kuchen
maslo	tvaroh	koláč
		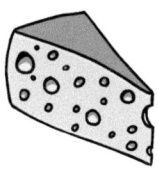
Ei	Spiegelei	Käse
vajce	volské oko	syr

Eiscreme

zmrzlina

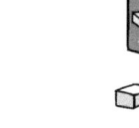

Zucker

cukor

Honig

med

Marmelade

lekvár

Nougat-Creme

nugátová nátierka

Curry

karí korenie

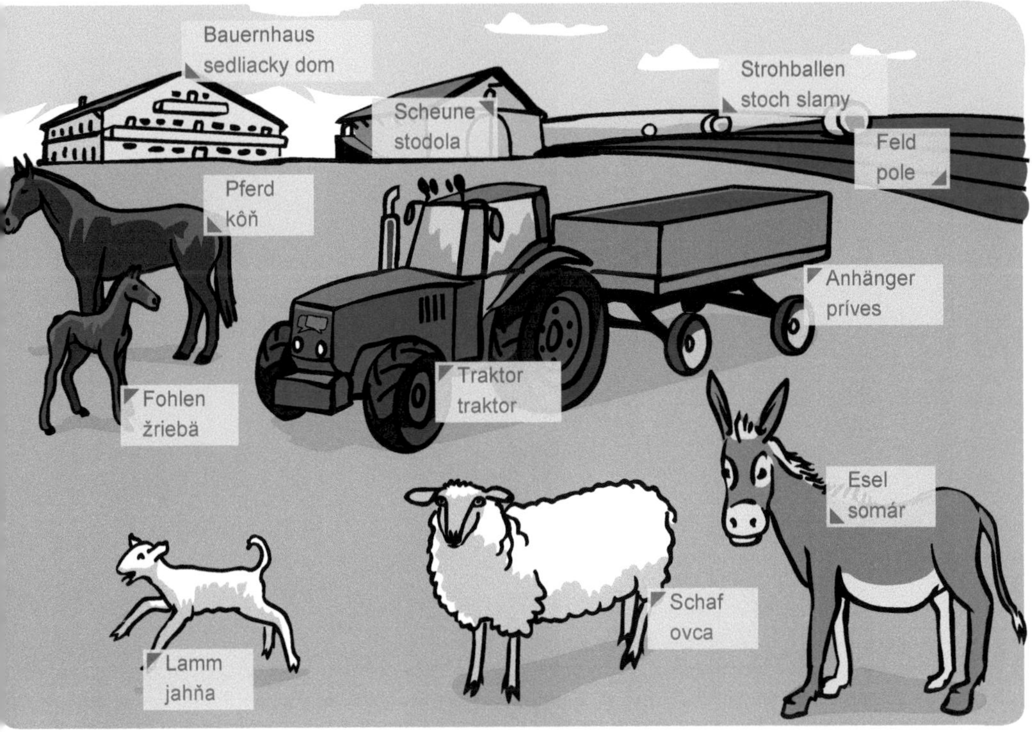

Bauernhaus
sedliacky dom

Scheune
stodola

Strohballen
stoch slamy

Feld
pole

Pferd
kôň

Anhänger
príves

Fohlen
žriebä

Traktor
traktor

Esel
somár

Schaf
ovca

Lamm
jahňa

Ziege

koza

Schwein

prasa

Kuh

krava

Ferkel

prasiatko

Kalb

teľa

Bulle

býk

Gans

hus

Ente

kačica

Küken

kuriatko

Huhn

sliepka

Hahn

kohút

Ratte

potkan

Katze

mačka

Maus

myš

Ochse

vôl

Hund

pes

Hundehütte

psia búda

Gartenschlauch

záhradná hadica

Gießkanne

krhla

Sense

kosa

Pflug

pluh

Sichel

kosák

Hacke

motyka

Mistgabel

vidly na hnoj

Axt

sekera

Schubkarre

fúrik

Trog

koryto

Milchkanne

kanva na mlieko

Sack

vrece

Zaun

plot

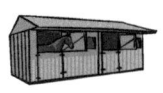

Stall

maštaľ

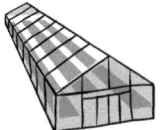

Treibhaus

skleník

Boden

pôda

Saat

osivo

Dünger

hnojivo

Mähdrescher

kombajn

ernten

žať

Ernte

žatva

Yamswurzel

batát

Weizen

pšenica

Soja

sója

Kartoffel

zemiak

Mais

kukurica

Raps

repka

Obstbaum

ovocný strom

Maniok

maniok

Getreide

obilie

Haus
dom

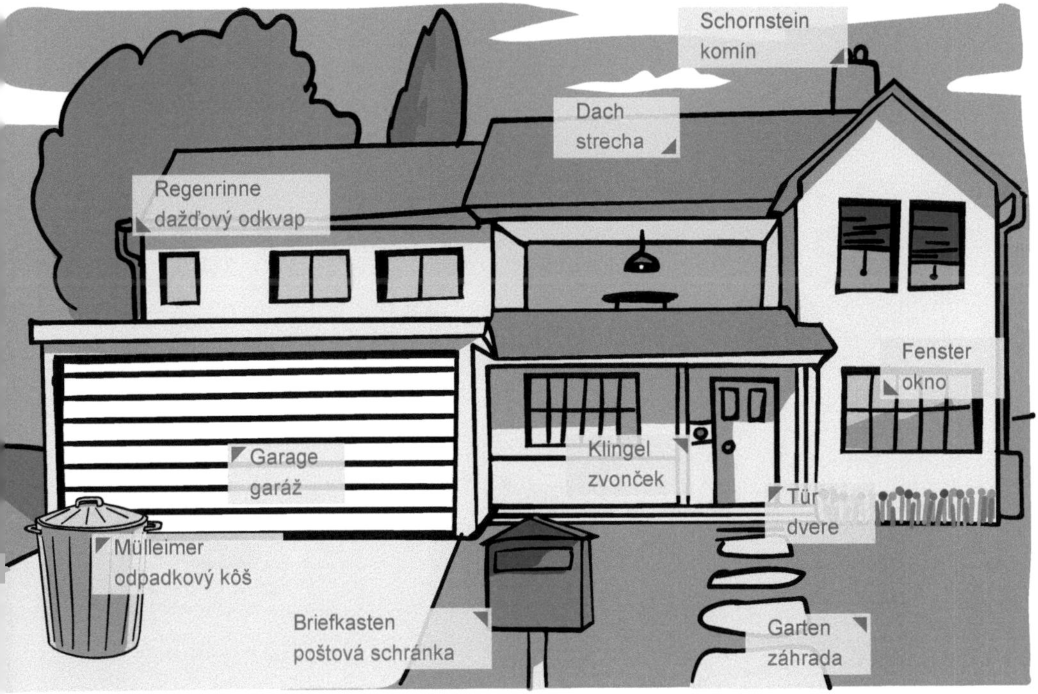
Schornstein
komín
Dach
strecha
Regenrinne
dažďový odkvap
Fenster
okno
Klingel
zvonček
Garage
garáž
Tür
dvere
Mülleimer
odpadkový kôš
Briefkasten
poštová schránka
Garten
záhrada

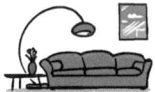

Wohnzimmer

obývačka

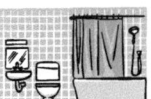

Badezimmer

kúpeľňa

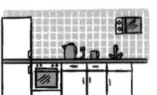

Küche

kuchyňa

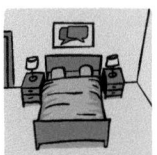

Schlafzimmer

spálňa

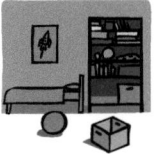

Kinderzimmer

detská izba

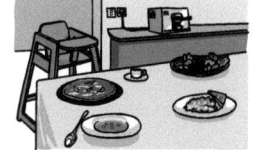

Esszimmer

jedáleň

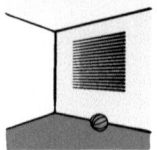

Boden

podlaha

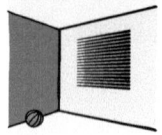

Wand

stena

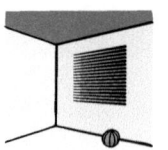

Decke

strop

Keller

pivnica

Sauna

sauna

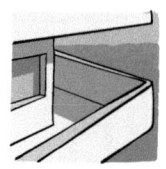

Balkon

balkón

Terrasse

terasa

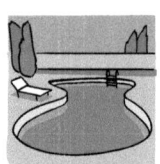

Schwimmbad

bazén

Rasenmäher

kosačka

Bettbezug

obliečka

Bettdecke

posteľná prikrývka

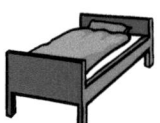

Bett

posteľ

Besen

metla

Eimer

vedro

Schalter

vypínač

Wohnzimmer
obývačka

Tapete
tapeta
Bild
obraz
Lampe
lampa
Regal
regál
Schrank
skriňa
Fernseher
televízor
Kamin
kozub
Blume
kvet
Kissen
vankúš
Sofa
pohovka
Vase
váza
Fernbedienung
diaľkové ovládanie

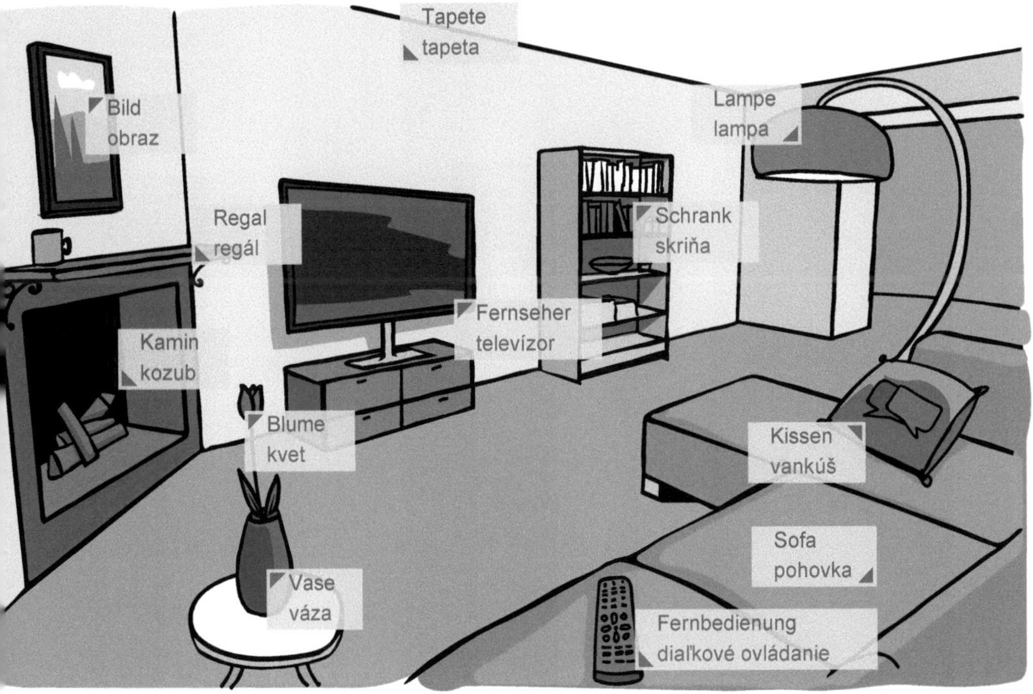

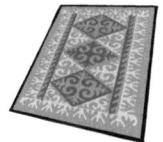

Teppich

koberec

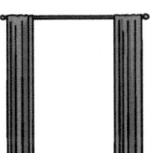

Vorhang

záclona

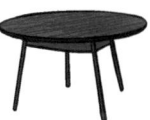

Tisch

stôl

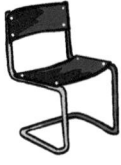

Stuhl

stolička

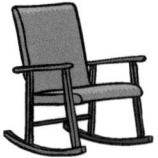

Schaukelstuhl

hojdacie kreslo

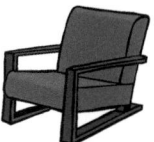

Sessel

kreslo

Buch

kniha

Decke

prikrývka

Dekoration

dekorácia

Feuerholz

drevo na kúrenie

Film

film

Stereoanlage

hi-fi veža

Schlüssel

kľúč

Zeitung

noviny

Gemälde

maľba

Poster

plagát

Radio

rádio

Notizblock

zápisník

Staubsauger

vysávač

Kaktus

kaktus

Kerze

sviečka

Küche
kuchyňa

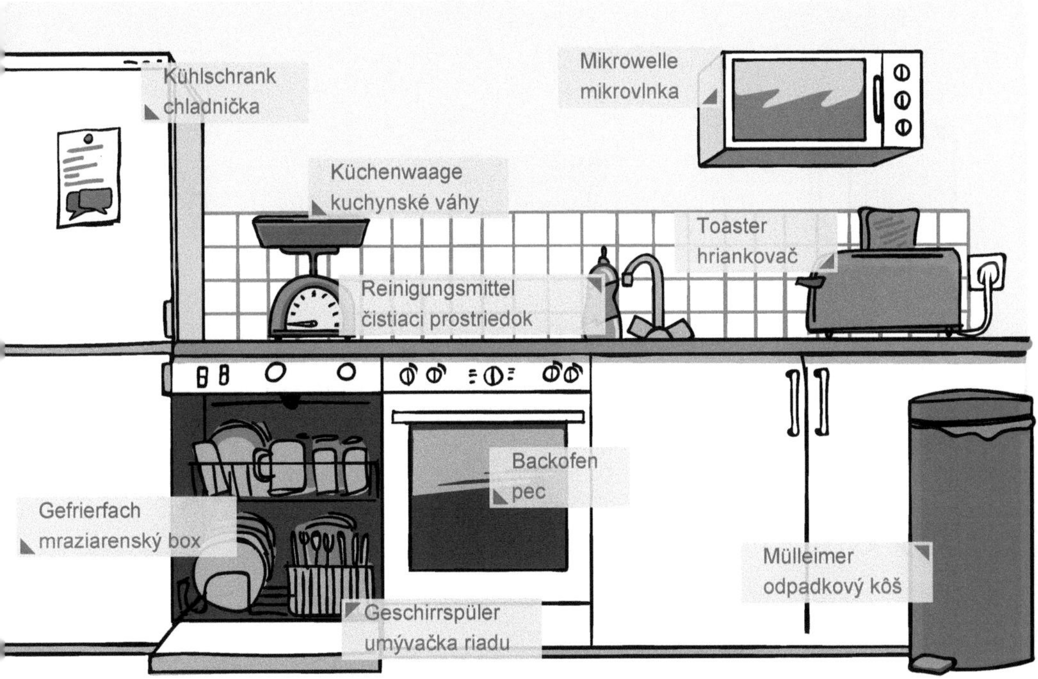
Kühlschrank
chladnička
Mikrowelle
mikrovlnka
Küchenwaage
kuchynské váhy
Toaster
hriankovač
Reinigungsmittel
čistiaci prostriedok
Backofen
pec
Gefrierfach
mraziarenský box
Mülleimer
odpadkový kôš
Geschirrspüler
umývačka riadu

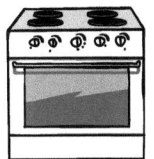

Herd
sporák

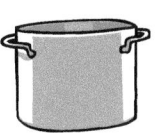

Topf
hrniec

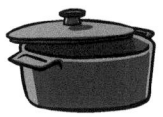

Eisentopf
železný hrniec

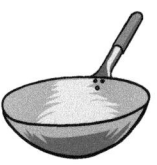

Wok / Kadai
wok / kadai

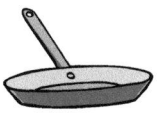

Pfanne
panvica

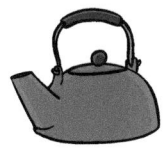

Wasserkocher
rýchlovarná kanvica

Dampfgarer

parný hrniec

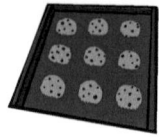

Backblech

plech na pečenie

Geschirr

riad

Becher

pohár

Schale

misa

Essstäbchen

paličky

Suppenkelle

naberačka na polievku

Pfannenwender

stierka

Schneebesen

metlička

Kochsieb

cedidlo

Sieb

sitko

Reibe

strúhadlo

Mörser

mažiar

Grill

gril

Feuerstelle

ohnisko

Schneidebrett

doska na krájanie

Nudelholz

valček na cesto

Korkenzieher

vývrtka

Dose

konzerva

Dosenöffner

otvárač na konzervy

Topflappen

chňapka

Waschbecken

výlevka

Bürste

kefa

Schwamm

hubka

Mixer

mixér

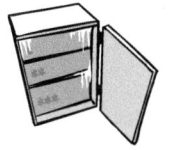

Gefriertruhe

mraznička

Babyflasche

kojenecká fľaša

Wasserhahn

vodovodný kohútik

Badezimmer
kúpeľňa

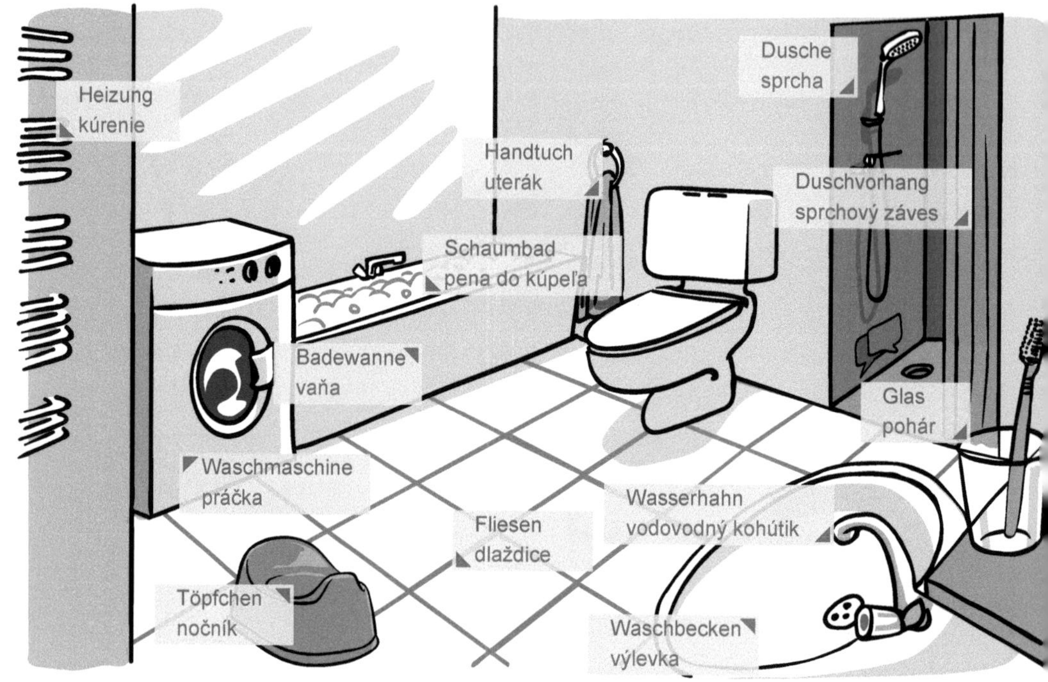

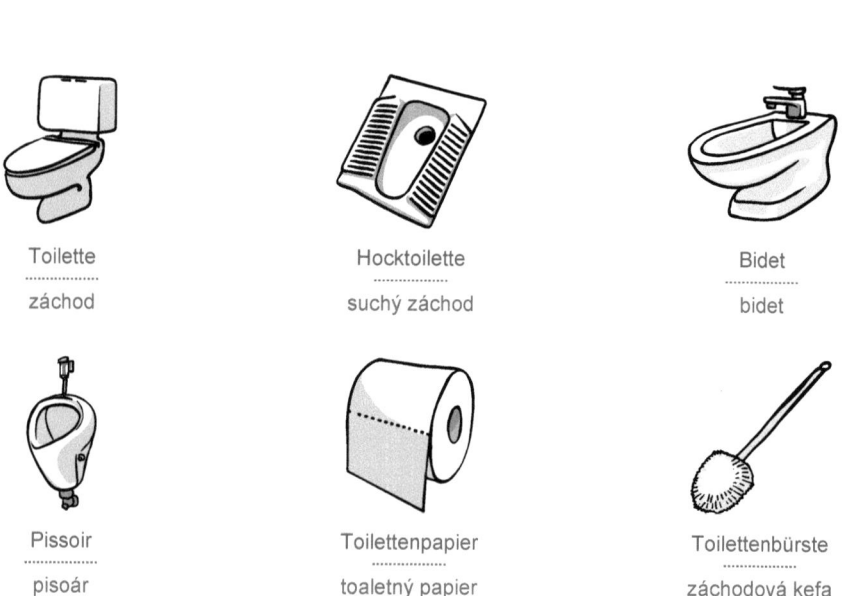

Heizung / kúrenie

Dusche / sprcha

Handtuch / uterák

Duschvorhang / sprchový záves

Schaumbad / pena do kúpeľa

Badewanne / vaňa

Glas / pohár

Waschmaschine / práčka

Wasserhahn / vodovodný kohútik

Fliesen / dlaždice

Töpfchen / nočník

Waschbecken / výlevka

Toilette	Hocktoilette	Bidet
záchod	suchý záchod	bidet

Pissoir	Toilettenpapier	Toilettenbürste
pisoár	toaletný papier	záchodová kefa

Zahnbürste

zubná kefka

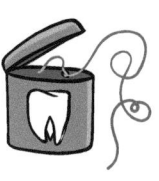

Zahnpasta

zubná pasta

Zahnseide

dentálna niť

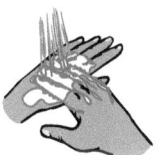

waschen

umývať

Handbrause

ručná sprcha

Intimdusche

sprcha pre intímnu hygienu

Waschschüssel

umývadlo

Rückenbürste

kefa na chrbát

Seife

mydlo

Duschgel

sprchový gél

Shampoo

šampón

Waschlappen

frotírová rukavica

Abfluss

odtok

Creme

krém

Deodorant

dezodorant

Spiegel

zrkadlo

Kosmetikspiegel

kozmetické zrkadlo

Rasierer

žiletka

Rasierschaum

pena na holenie

Rasierwasser

voda po holení

Kamm

hrebeň

Bürste

kefa

Föhn

sušič vlasov

Haarspray

sprej na vlasy

Makeup

make-up

Lippenstift

rúž

Nagellack

lak na nechty

Watte

vata

Nagelschere

nožnice na nechty

Parfum

parfum

Kulturbeutel

kozmetická taška

Hocker

stolček

Waage

váha

Bademantel

kúpací plášť

Gummihandschuhe

gumové rukavice

Tampon

tampón

Damenbinde

menštruačná vložka

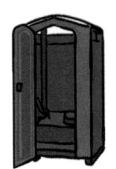

Chemietoilette

chemické WC

Kinderzimmer
detská izba

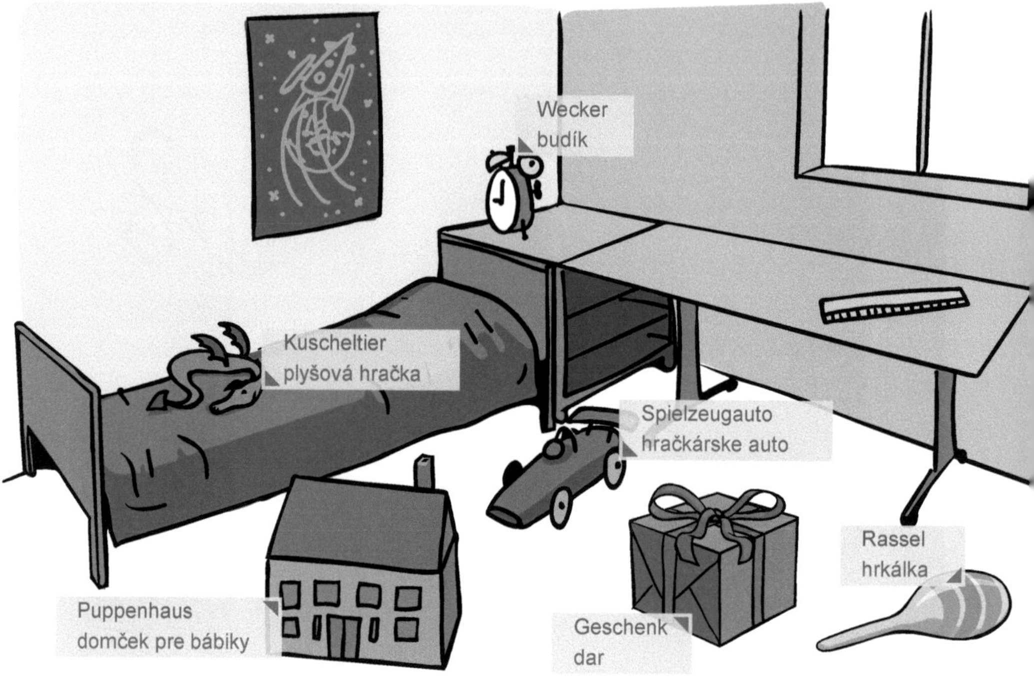

Wecker
budík
Kuscheltier
plyšová hračka
Spielzeugauto
hračkárske auto
Rassel
hrkálka
Puppenhaus
domček pre bábiky
Geschenk
dar

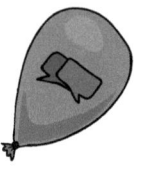

Ballon

balón

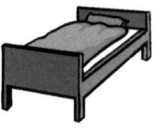

Bett

posteľ

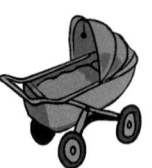

Kinderwagen

detský kočík

Kartenspiel

karty

Puzzle

puzzle

SUPER
MEGA

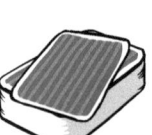

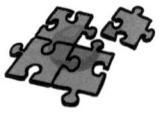

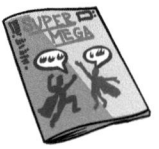

Comic

komix

Legosteine

skladačka lego

Bausteine

stavebnica

Action Figur

akčná postavička

Strampelanzug

dupačky

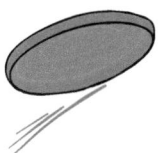

Frisbee

lietajúci tanier

Mobile

závesné hračky

Brettspiel

stolová hra

Würfel

kocka

Modelleisenbahn

modelový vláčik

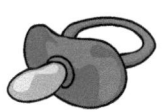

Schnuller

cumlík

Party

párty

Bilderbuch

obrázková kniha

Ball

lopta

Puppe

bábika

spielen

hrať sa

Sandkasten

pieskovisko

Schaukel

hojdačka

Spielzeug

hračky

Spielkonsole

hracia konzola

Dreirad

trojkolka

Teddy

medvedík

Kleiderschrank

šatník

Kleidung
šatstvo

Socken

ponožky

Strümpfe

pančuchy

Strumpfhose

pančuchové nohavičky

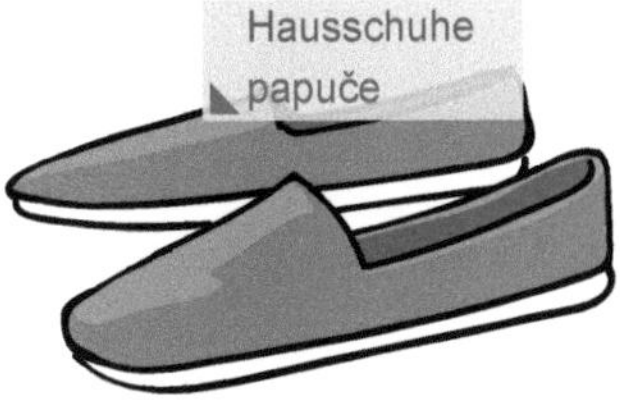

Schal
šál

Regenschirm
dáždnik

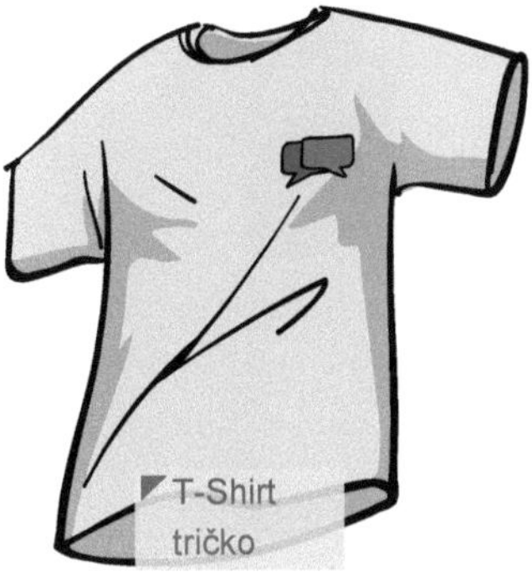

T-Shirt
tričko

Gürtel
opasok

Stiefel
čižmy

Hausschuhe
papuče

Turnschuhe
tenisky

Sandalen
....
sandále

Schuhe
....
topánky

Gummistiefel
....
gumáky

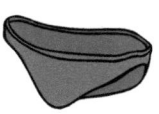

Unterhose
....
spodky

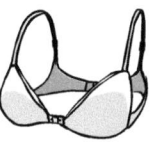

Büstenhalter
....
podprsenka

Unterhemd
....
tielko

Body

body

Hose

nohavice

Jeans

džínsy

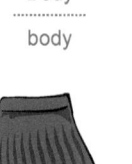

Rock

sukňa

Bluse

blúzka

Hemd

košeľa

Pullover

pulóver

Kapuzenpullover

sveter

Blazer

blejzer

Jacke

bunda

Mantel

kabát

Regenmantel

pršiplášť

Kostüm

kostým

Kleid

šaty

Hochzeitskleid

svadobné šaty

Anzug
oblek

Nachthemd
nočná košeľa

Schlafanzug
pyžamo

Sari
sari

Kopftuch
šatka na hlavu

Turban
turban

Burka
burka

Kaftan
kaftan

Abaya
abaja

Badeanzug
dvojdielne plavky

Badehose
plavky

Kurze Hose
šortky

Trainingsanzug
tepláková súprava

Schürze
zástera

Handschuhe
rukavice

Knopf

gombík

Brille

okuliare

Armband

náramok

Halskette

retiazka

Ring

prsteň

Ohrring

náušnica

Mütze

čiapka

Kleiderbügel

vešiak

Hut

klobúk

Krawatte

kravata

Reißverschluss

zips

Helm

prilba

Hosenträger

traky

Schuluniform

školská uniforma

Uniform

uniforma

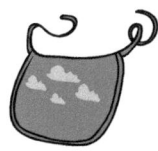

Lätzchen

podbradník

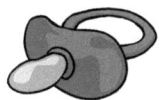

Schnuller

cumlík

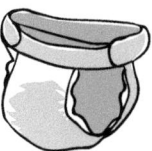

Windel

plienka

Büro
kancelária

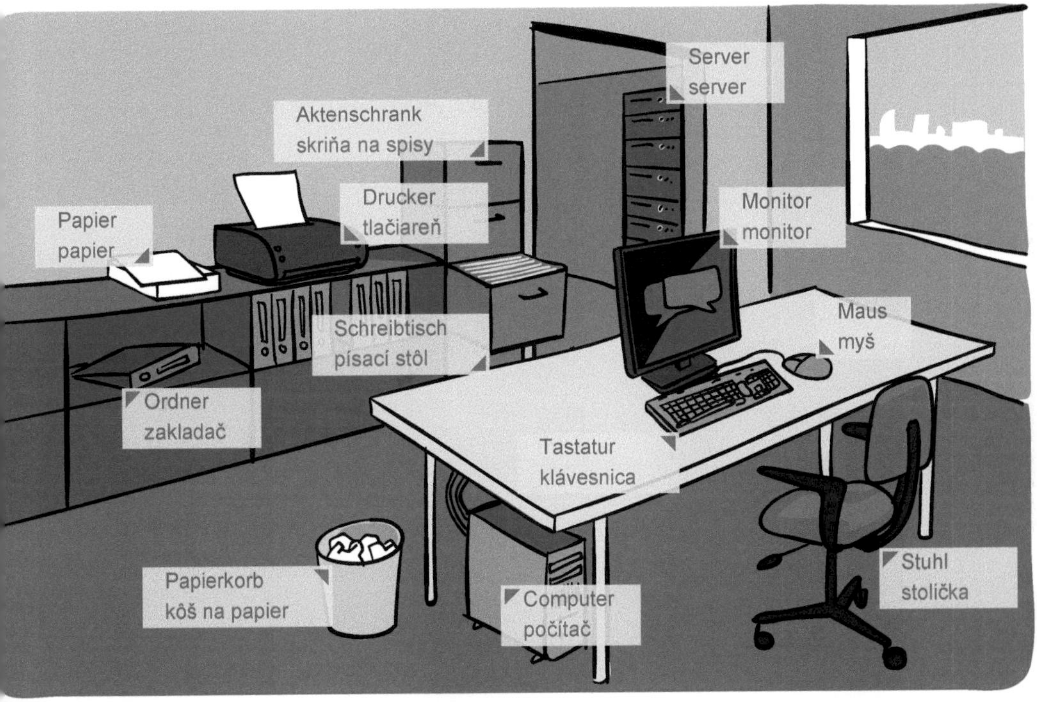
Server
server
Aktenschrank
skriňa na spisy
Drucker
tlačiareň
Papier
papier
Monitor
monitor
Maus
myš
Schreibtisch
písací stôl
Ordner
zakladač
Tastatur
klávesnica
Papierkorb
kôš na papier
Computer
počítač
Stuhl
stolička

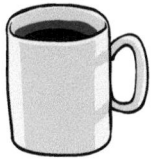

Kaffeebecher

hrnček na kávu

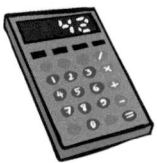

Taschenrechner

kalkulačka

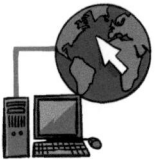

Internet

internet

Laptop	Brief	Nachricht
laptop	list	správa

Handy	Netzwerk	Kopierer
mobil	sieť	kopírka

Software	Telefon	Steckdose
softvér	telefón	elektrická zásuvka
	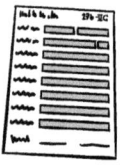	
Fax	Formular	Dokument
fax	formulár	doklad

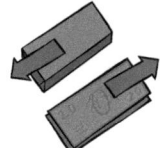

kaufen
kúpiť

bezahlen
platiť

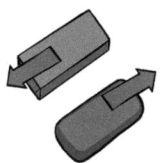

handeln
obchodovať

Geld
peniaze

 USD

Dollar
dolár

 EUR

Euro
euro

JPY

Yen
jen

RUB

Rubel
rubeľ

CHF

Franken
švajčiarsky frank

CNY

Renminbi Yuan
čínsky jüan

INR

Rupie
rupia

Geldautomat
bankomat

Wechselstube

zmenáreň

Gold

zlato

Silber

striebro

Öl

ropa

Energie

energia

Preis

cena

Vertrag

zmluva

Steuer

daň

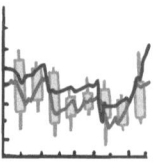

Aktie

akcia

arbeiten

pracovať

Angestellter

zamestnanec

Arbeitgeber

zamestnávateľ

Fabrik

továreň

Geschäft

obchod

Berufe
povolania

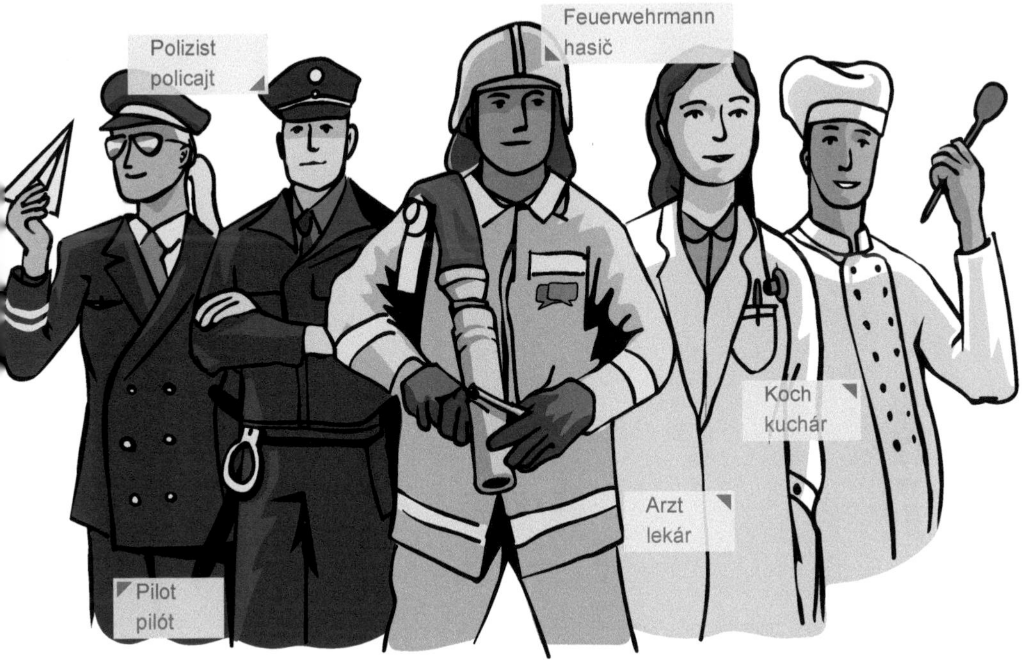
Polizist
policajt
Feuerwehrmann
hasič
Koch
kuchár
Arzt
lekár
Pilot
pilót

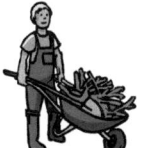

Gärtner

záhradník

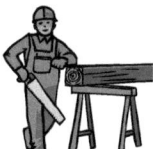

Tischler

stolár

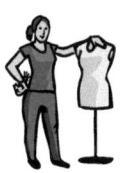

Näherin

krajčírka

Richter

sudca

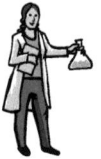

Chemiker

chemik

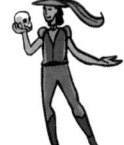

Schauspieler

herec

Busfahrer

vodič autobusu

Taxifahrer

taxikár

Fischer

rybár

Putzfrau

upratovačka

Dachdecker

pokrývač

Kellner

čašník

Jäger

poľovník

Maler

maliar

Bäcker

pekár

Elektriker

elektrikár

Bauarbeiter

stavebný robotník

Ingenieur

inžinier

Schlachter

mäsiar

Klempner

klampiar

Postbote

poštár

Soldat

vojak

Architekt

architekt

Kassierer

pokladník

Florist

kvetinár

Friseur

kaderník

Schaffner

sprievodca

Mechaniker

mechanik

Kapitän

kapitán

Zahnarzt

zubár

Wissenschaftler

vedec

Rabbi

rabín

Imam

imám

Mönch

mních

Geistlicher

farár

Werkzeuge
náradie

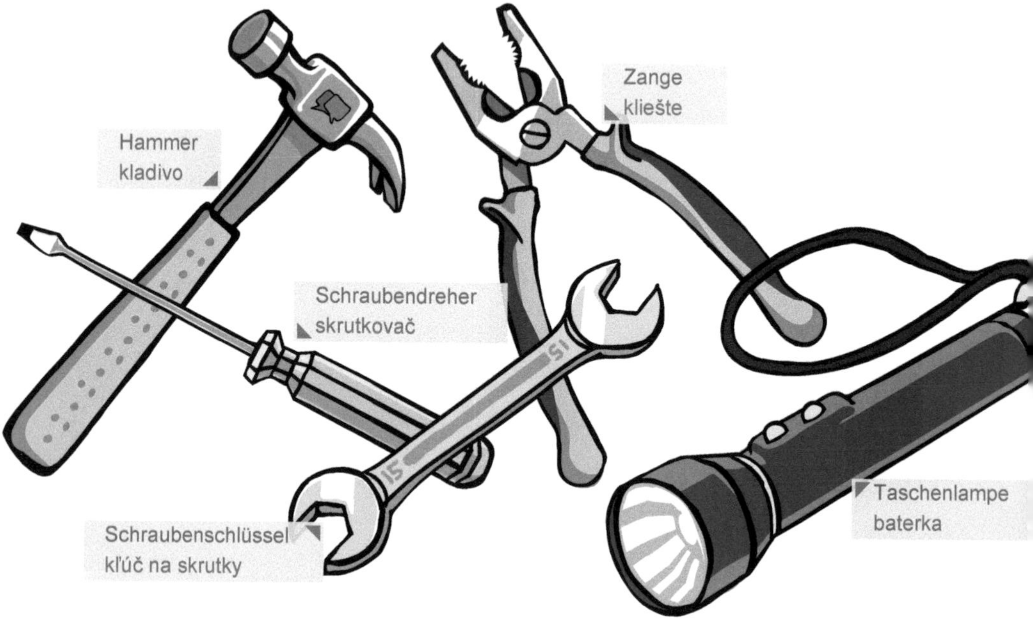
Hammer
kladivo
Zange
kliešte
Schraubendreher
skrutkovač
Schraubenschlüssel
kľúč na skrutky
Taschenlampe
baterka

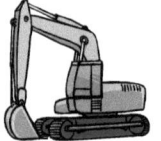

Bagger

bager

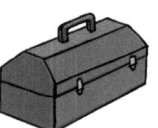

Werkzeugkasten

súprava náradia

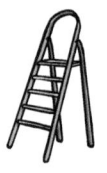

Leiter

rebrík

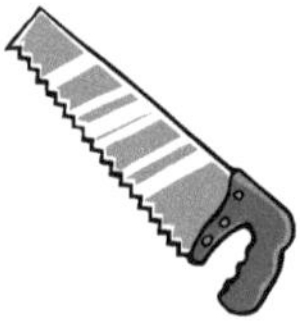

Säge

pílka

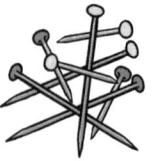

Nägel

klince

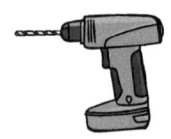

Bohrer

vrták

reparieren
opraviť

Schaufel
lopata

Mist!
Do čerta!

Kehrblech
lopatka na smeti

Farbtopf
nádoba s farbou

Schrauben
skrutky

Musikinstrumente
hudobné nástroje

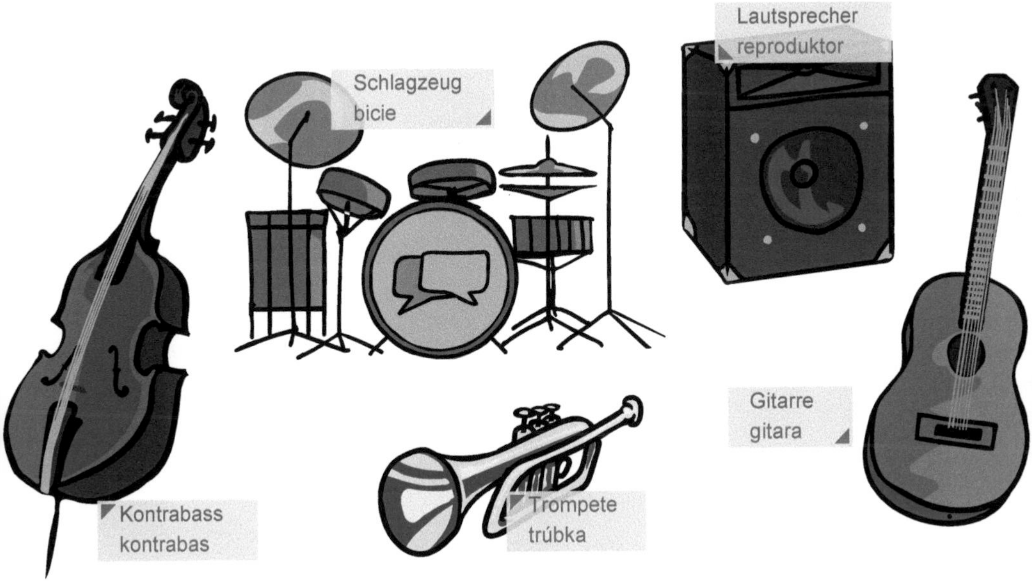

Schlagzeug
bicie

Lautsprecher
reproduktor

Gitarre
gitara

Kontrabass
kontrabas

Trompete
trúbka

Klavier

klavír

Violine

husle

Bass

basa

Pauke

tympany

Trommeln

bubon

Keyboard

klávesnica

Saxophon

saxofón

Flöte

flauta

Mikrofon

mikrofón

Zoo

ZOO

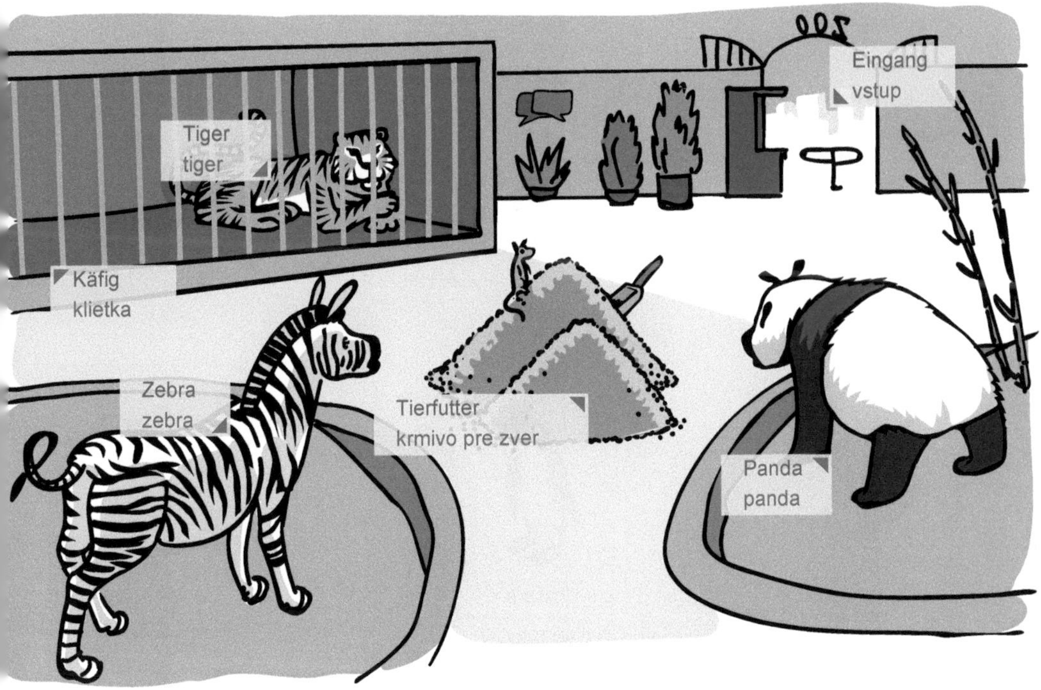

Eingang
vstup
Tiger
tiger
Käfig
klietka
Zebra
zebra
Tierfutter
krmivo pre zver
Panda
panda

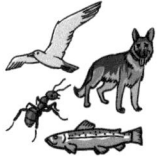

Tiere

zvieratá

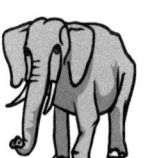

Elefant

slon

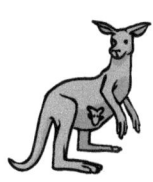

Känguru

klokan

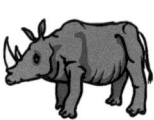

Nashorn

nosorožec

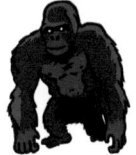

Gorilla

gorila

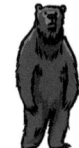

Bär

medveď

Kamel

ťava

Strauß

pštros

Löwe

lev

Affe

opica

Flamingo

plameniak

Papagei

papagáj

Eisbär

ľadový medveď

Pinguin

tučniak

Hai

žralok

Pfau

páv

Schlange

had

Krokodil

krokodíl

Zoowärter

ošetrovateľ v ZOO

Robbe

tuleň

Jaguar

jaguár

Pony

poník

Leopard

leopard

Nilpferd

hroch

Giraffe

žirafa

Adler

orol

Wildschwein

diviak

Fisch

ryba

Schildkröte

korytnačka

Walross

mrož

Fuchs

líška

Gazelle

gazela

American Football
americký futbal

Radfahren
cyklistika

Tennis
tenis

Basketball
basketbal

Schwimmen
plávanie

Boxen
box

Eishockey
hokej

Fußball

futbal

Badminton

bedminton

Leichtathletik

ľahká atletika

Handball

hádzaná

Skilaufen

lyžovanie

Polo

pólo

lachen
smiať sa

springen
skočiť

umarmen
objať

gehen
chodiť

singen
spievať

träumen
snívať

beten
modliť sa

küssen
pobozkať

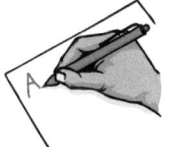

schreiben

písať

zeichnen

kresliť

zeigen

ukázať

drücken

tlačiť

geben

dať

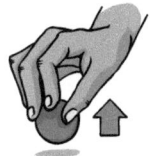

nehmen

brať

haben

mať

tun

robiť

sein

byť

stehen

stáť

laufen

bežať

ziehen

ťahať

werfen

hádzať

fallen

padnúť

liegen

ležať

warten

čakať

tragen

nosiť

sitzen

sedieť

anziehen

obliecť sa

schlafen

spať

aufwachen

zobudiť sa

ansehen

pozerať

weinen

plakať

streicheln

hladkať

kämmen

česať

reden

hovoriť

verstehen

rozumieť

fragen

pýtať sa

hören

počuť

trinken

piť

essen

jesť

aufräumen

upratať

lieben

milovať

kochen

variť

fahren

jazdiť

fliegen

letieť

segeln

plachtiť

rechnen

počítať

lesen

čítať

lernen

učiť sa

arbeiten

pracovať

heiraten

oženiť

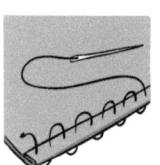

nähen

šiť

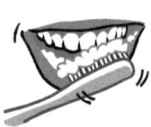

Zähne putzen

čistiť zuby

töten

zabiť

rauchen

fajčiť

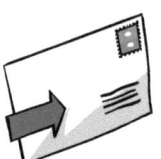

senden

poslať

Familie
rodina

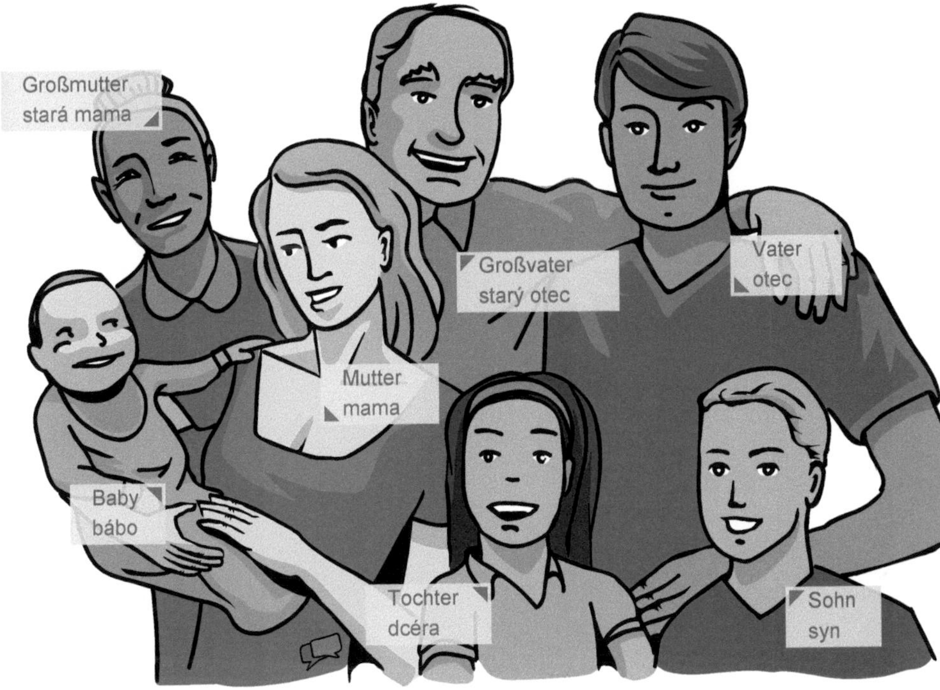

Großmutter
stará mama
Großvater
starý otec
Vater
otec
Mutter
mama
Baby
bábo
Tochter
dcéra
Sohn
syn

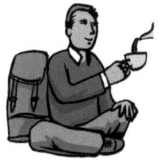

Gast
hosť

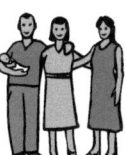

Tante
teta

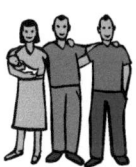

Onkel
strýko

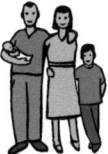

Bruder
brat

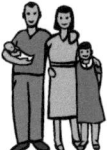

Schwester
sestra

Körper
telo

Stirn
čelo
Auge
oko
Schulter
plece
Finger
prst
Gesicht
tvár
Kinn
brada
Hand
ruka
Bein
noha
Brust
hruď
Arm
rameno

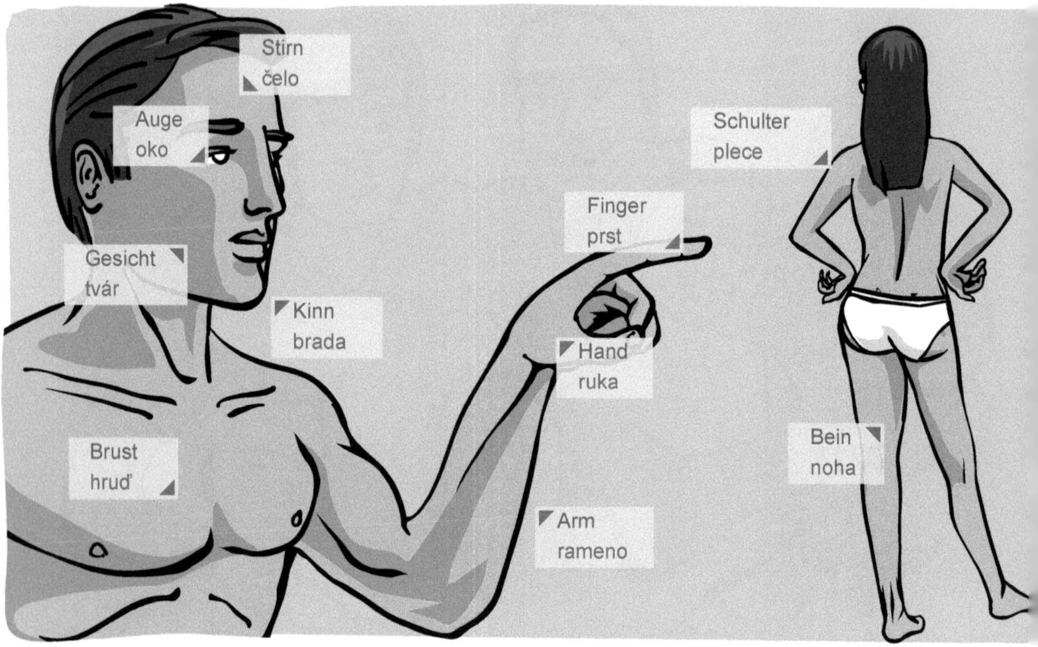

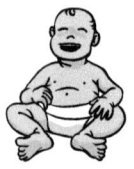

Baby
bábo

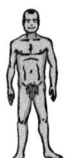

Mann
muž

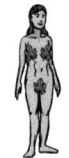

Frau
žena

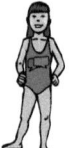

Mädchen
dievča

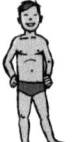

Junge
chlapec

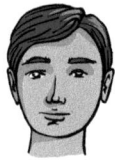

Kopf
hlava

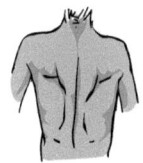

Rücken

chrbát

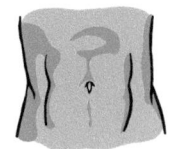

Bauch

brucho

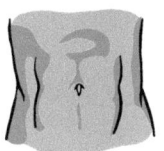

Nabel

pupok

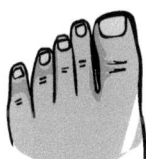

Zeh

prst na nohe

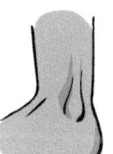

Ferse

päta

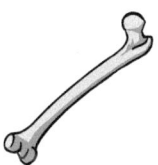

Knochen

kosť

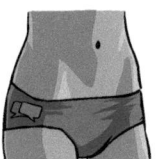

Hüfte

bok

Knie

koleno

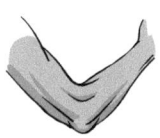

Ellenbogen

lakeť

Nase

nos

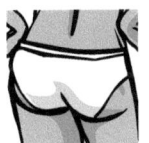

Gesäß

zadok

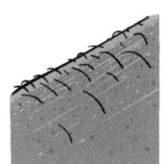

Haut

koža

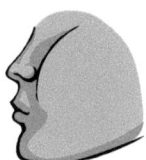

Wange

líce

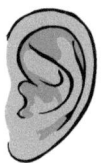

Ohr

ucho

Lippe

pery

Mund

ústa

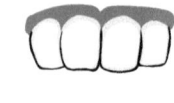

Zahn

zub

Zunge

jazyk

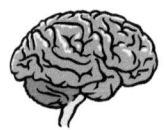

Gehirn

mozog

Herz

srdce

Muskel

svaly

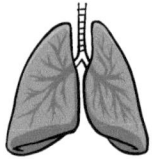

Lunge

pľúca

Leber

pečeň

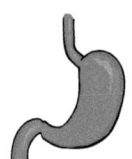

Magen

žalúdok

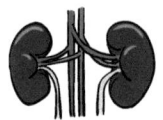

Nieren

obličky

Geschlechtsverkehr

pohlavný styk

Kondom

kondóm

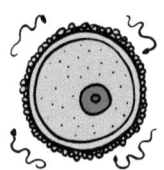

Eizelle

vaječná bunka

Sperma

semeno

Schwangerschaft

tehotenstvo

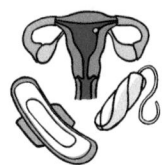

Menstruation

menštruácia

Vagina

vagína

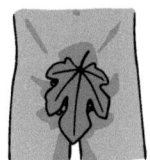

Penis

penis

Augenbraue

obočie

Haar

vlasy

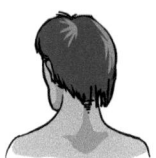

Hals

krk

Körper - telo

Krankenhaus
nemocnica

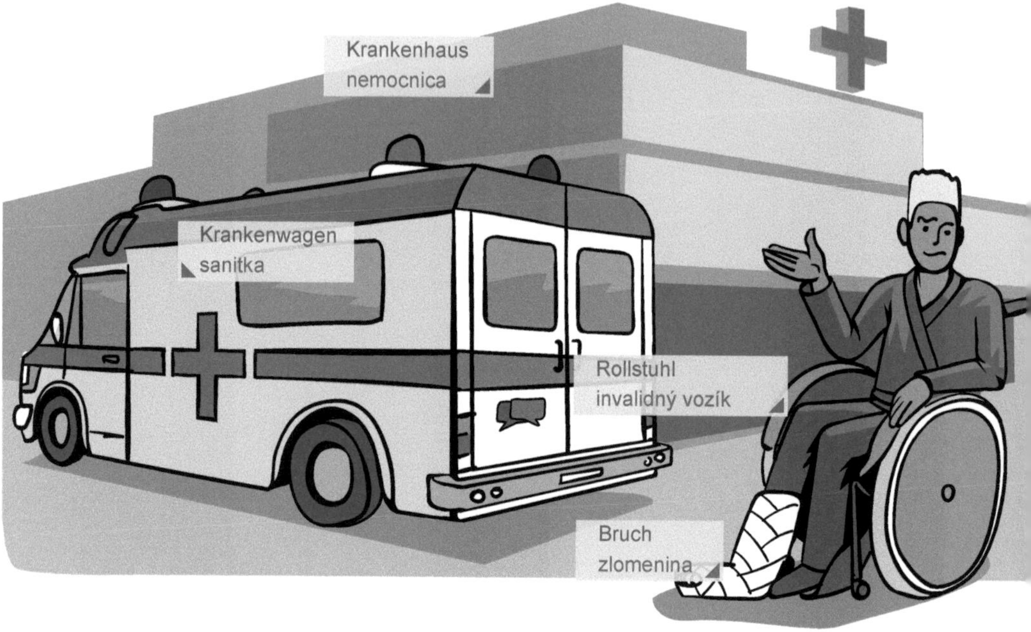

Krankenhaus
nemocnica
Krankenwagen
sanitka
Rollstuhl
invalidný vozík
Bruch
zlomenina

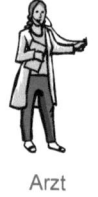

Arzt
lekár

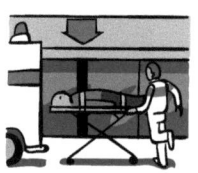

Notaufnahme
urgentný príjem

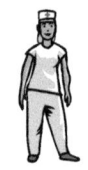

Krankenschwester
sestrička

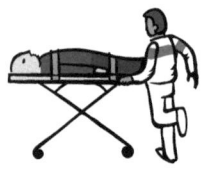

Notfall
urgentný prípad

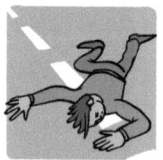

ohnmächtig
v bezvedomí

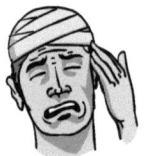

Schmerz
bolesť

Verletzung

zranenie

Blutung

krvácanie

Herzinfarkt

srdcový infarkt

Schlaganfall

mozgová porážka

Allergie

alergia

Husten

kašeľ

Fieber

teplota

Grippe

chrípka

Durchfall

hnačka

Kopfschmerzen

bolesť hlavy

Krebs

rakovina

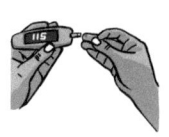

Diabetis

cukrovka

Chirurg

chirurg

Skalpell

skalpel

Operation

operácia

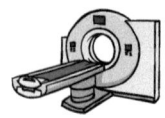

CT
CT

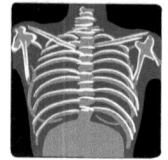

Röntgen
RTG

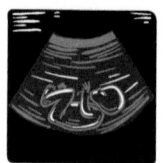

Ultraschall
ultrazvuk

Maske
maska

Krankheit
choroba

Wartezimmer
čakáreň

Krücke
barla

Pflaster
náplasť

Verband
obväz

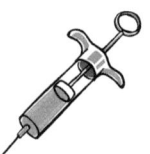

Injektion
injekcia

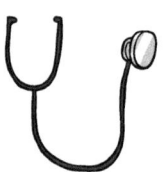

Stethoskop
fonendoskop

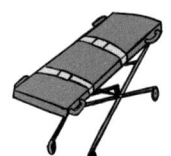

Trage
nosidlá

Thermometer
teplomer

Geburt
pôrod

Übergewicht
nadváha

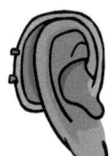

Hörgerät

audiofón

Desinfektionsmittel

dezinfekčný prostriedok

Infektion

infekcia

Virus

vírus

HIV / AIDS

HIV / AIDS

Medizin

medicína

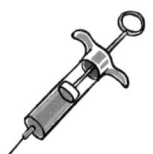

Impfung

očkovanie

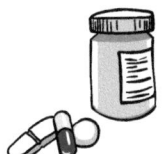

Tabletten

tabletky

Pille

antikoncepčná pilulka

Notruf

tiesňové volanie

Blutdruck-Messgerät

tlakomer

krank / gesund

chorý / zdravý

Hilfe!

Pomoc!

Alarm

alarm

Überfall

prepad

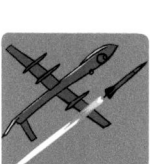

Angriff

útok

Gefahr

nebezpečenstvo

Notausgang

núdzový východ

Feuer!

Horí!

Feuerlöscher

hasičský prístroj

Unfall

nehoda

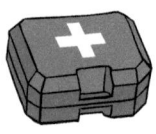

Erste-Hilfe-Koffer

kufrík prvej pomoci

SOS

SOS

Polizei

polícia

Europa

Európa

Nordamerika

Severná Amerika

Südamerika

Južná Amerika

Afrika

Afrika

Asien

Ázia

Australien

Austrália

Atlantik

Atlantický oceán

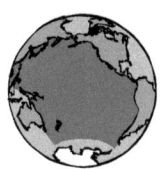

Pazifik

Tichý oceán

Indischer Ozean

Indický oceán

Antarktischer Ozean

Južný oceán

Arktischer Ozean

Severný ľadový oceán

Nordpol

Severný pól

Südpol

Južný pól

Antarktis

Antarktída

Erde

Zem

Land

krajina

Meer

more

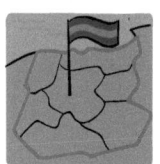

Insel

ostrov

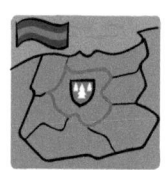

Nation

národ

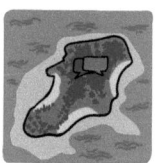

Staat

štát

Zifferblatt

ciferník

Stundenzeiger

hodinová ručička

Minutenzeiger

minútová ručička

Sekundenzeiger

sekundová ručička

Wie spät ist es?

Koľko je hodín?

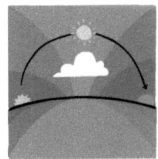

Tag

deň

Zeit

čas

jetzt

teraz

Digitaluhr

digitálne hodiny

Minute

minúta

Stunde

hodina

Woche

týždeň

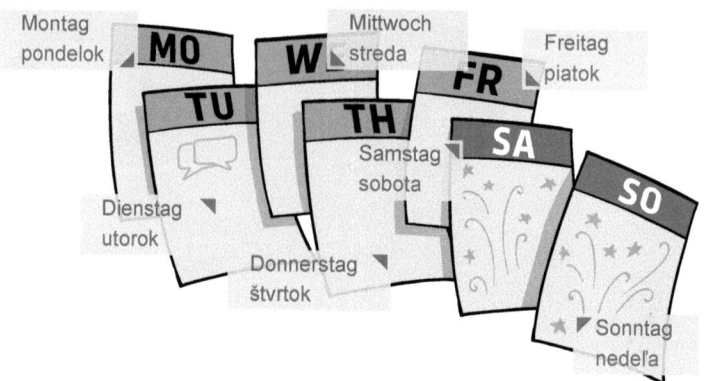

Montag
pondelok

Mittwoch
streda

Freitag
piatok

Dienstag
utorok

Donnerstag
štvrtok

Samstag
sobota

Sonntag
nedeľa

gestern

včera

heute

dnes

morgen

zajtra

Morgen

ráno

Mittag

poludnie

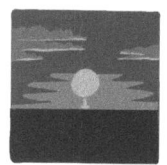

Abend

večer

Arbeitstage

pracovné dni

Wochenende

víkend

Jahr
rok

Regen
dážď
Regenbogen
dúha
Schnee
sneh
Wind
vietor
Frühling
jar
Herbst
jeseň
Sommer
leto
Winter
zima

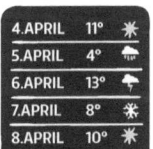

4.APRIL 11°
5.APRIL 4°
6.APRIL 13°
7.APRIL 8°
8.APRIL 10°

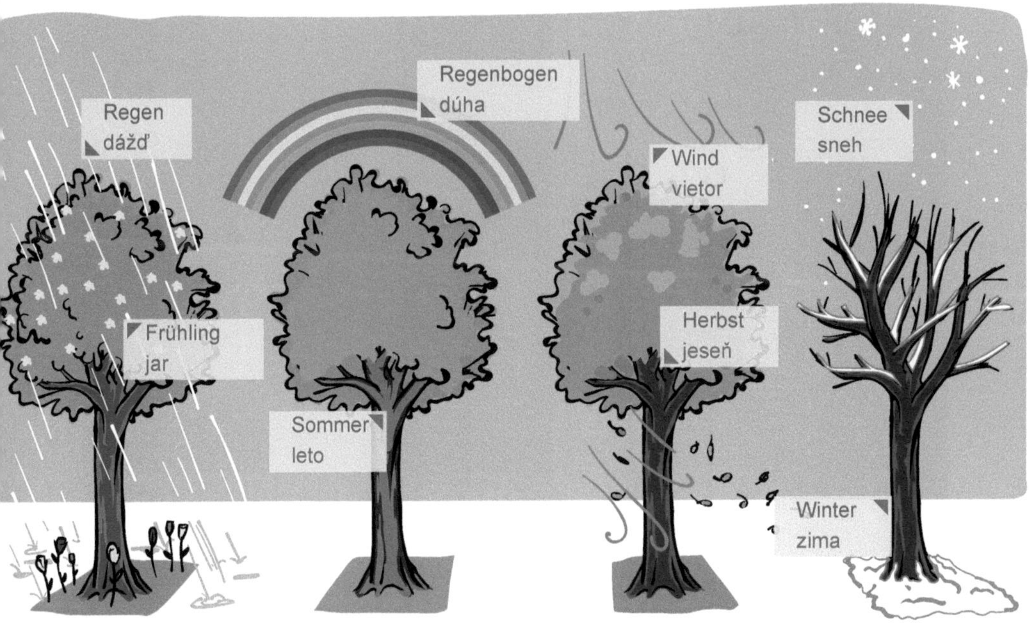

Wettervorhersage

predpoveď počasia

F C
120 40
90 30
60 20
30 10
0 0
-30 -10
-20

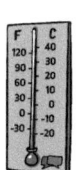

Thermometer

teplomer

Sonnenschein

slnečný svit

Wolke

oblak

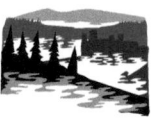

Nebel

hmla

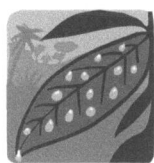

Luftfeuchtigkeit

vlhkosť vzduchu

Blitz

blesk

Donner

hrom

Sturm

búrka

Hagel

krúpy

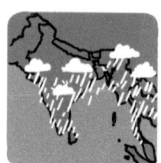

Monsun

monzún

Flut

záplava

Eis

ľad

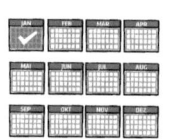

Januar

január

Februar

február

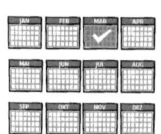

März

marec

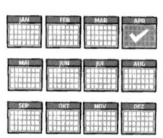

April

apríl

Mai

máj

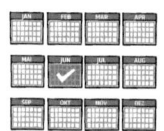

Juni

jún

Juli

júl

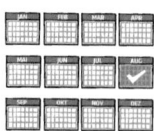

August

august

September
....
september

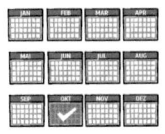

Oktober
....
október

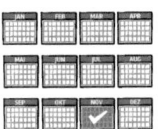

November
....
november

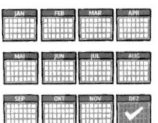

Dezember
....
december

Formen

tvary

Kreis
....
kruh

Quadrat
....
štvorec

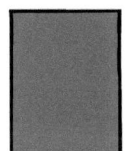

Rechteck
....
obdĺžnik

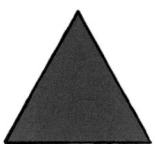

Dreieck
....
trojuholník

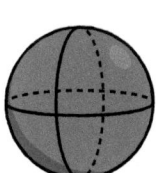

Kugel
....
guľa

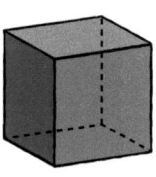

Würfel
....
kocka

weiß

biela

gelb

žltá

orange

oranžová

pink

ružová

rot

červená

lila

fialová

blau

modrá

grün

zelená

braun

hnedá

grau

šedá

schwarz

čierna

viel / wenig

veľa / málo

wütend / friedlich

zúrivý / pokojný

hübsch / hässlich

pekný / škaredý

Anfang / Ende

začiatok / koniec

groß / klein

veľký / malý

hell / dunkel

svetlý / tmavý

Bruder / Schwester

brat / sestra

sauber / schmutzig

čistý / špinavý

vollständig / unvollständig

úplný / neúplný

Tag / Nacht

deň / noc

tot / lebendig

mŕtvy / živý

breit / schmal

široký / úzky

genießbar / ungenießbar

chutný / nechutný

böse / freundlich

zlostný / láskavý

aufgeregt / gelangweilt

vzrušený / unudený

dick / dünn

tlstý / chudý

zuerst / zuletzt

prvý / posledný

Freund / Feind

priateľ / nepriateľ

voll / leer

plný / prázdny

hart / weich

tvrdý / mäkký

schwer / leicht

ťažký / ľahký

Hunger / Durst

hlad / smäd

krank / gesund

chorý / zdravý

illegal / legal

nelegálny / legálny

intelligent / dumm

inteligentný / hlúpy

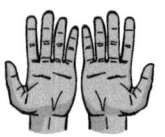

links / rechts

vľavo / vpravo

nah / fern

blízko / ďaleko

neu / gebraucht

nový / použitý

nichts / etwas

nič / niečo

alt / jung

starý / mladý

an / aus

zapnuté / vypnuté

offen / geschlossen

otvorené / zatvorené

leise / laut

tichý / hlasný

reich / arm

bohatý / chudobný

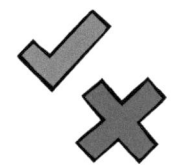

richtig / falsch

správne / nesprávne

rau / glatt

drsný / hladký

traurig / glücklich

smutný / šťastný

kurz / lang

krátky / dlhý

langsam / schnell

pomaly / rýchlo

nass / trocken

mokrý / suchý

warm / kühl

teplý / studený

Krieg / Frieden

vojna / mier

0

null

nula

1

eins

jeden

2

zwei

dva

3

drei

tri

4

vier

štyri

5

fünf

päť

6

sechs

šesť

7

sieben

sedem

8

acht

osem

9

neun

deväť

10

zehn

desať

11

elf

jedenásť

12

zwölf

dvanásť

13

dreizehn

trinásť

14

vierzehn

štrnásť

15

fünfzehn

pätnásť

16

sechzehn

šestnásť

17

siebzehn

sedemnásť

18

achtzehn

osemnásť

19

neunzehn

devätnásť

20

zwanzig

dvadsať

100

hundert

sto

1.000

tausend

tisíc

1.000.000

million

milión

Englisch

angličtina

Amerikanisches Englisch

americká angličtina

Chinesisch Mandarin

mandarínska čínština

Hindi

hindčina

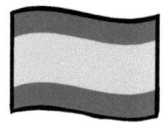

Spanisch

španielčina

Französisch

francúzština

Arabisch

arabčina

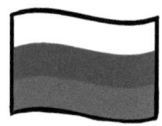

Russisch

ruština

Portugiesisch

portugalčina

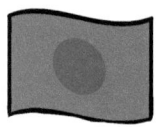

Bengalisch

bengálčina

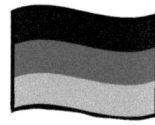

Deutsch

nemčina

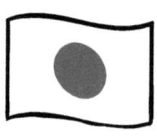

Japanisch

japončina

ich
ja

du
ty

er / sie / es
on/ona/ono

wir
my

ihr
vy

sie
oni

wer?
kto?

was?
čo?

wie?
ako?

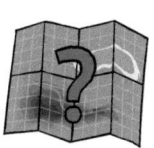

wo?
kde?

wann?
kedy?

Name
meno

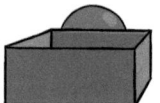

hinter

za

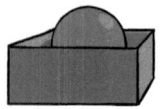

in

v

vor

pred

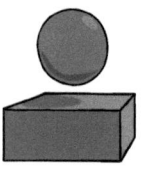

über

nad

auf

na

unter

pod

neben

vedľa

zwischen

medzi

Ort

miesto